생선 아카데미

인간론 ❼

고난을 이기는 법

KB190614

프롤로그

　생활 속 선교, 이것은 지난 2000여년간 기독교 공동체가 세상을 향해 꾸준히 던졌던 메시지입니다. 수많은 믿음의 선조들이 하나님을 아는 지식을 바탕으로 자신이 속한 가정과 일터에서 그 믿음을 지키는 삶을 살았습니다. 그들을 통해 가정이 바뀌고 일터 문화가 바뀌고 힘들었던 세상은 더 나은 세상으로 바뀌었습니다.

　하나님은 우리 인간의 모든 영역에 관심을 갖고 계십니다. 생활 선교사는 각자 생활의 영역에서 하나님 사랑, 이웃 사랑을 실천하며 선교적 삶을 살아가는 사람입니다. 생활 선교사가 되기 위해서는 훈련이 필요합니다. 삶의 모든 영역에서 선교사의

역할을 감당하려면 성부, 성자, 성령 하나님은 어떤 분이신지, 우리는 어디로부터 와서 어디로 가는지, 인간의 창조와 타락과 구원의 과정은 어떠한지 이러한 다양한 주제에 대해 정리가 되어 있어야 합니다. 세상은 계속해서 우리를 속이려 하기 때문에 우리는 더욱 배우기를 힘써야 합니다.

> 악한 사람들과 속이는 자들은 더욱 악하여져서 속이기도 하고 속기도 하나니 그러나 너는 배우고 확신한 일에 거하라 너는 네가 누구에게서 배운 것을 알며 또 어려서부터 성경을 알았나니 성경은 능히 너로 하여금 그리스도 예수 안에 있는 믿음으로 말미암아 구원에 이르는 지혜가 있게 하느니라 딤후 3:13~15

생활 선교사를 줄여서 생선이라 표현하고 이분들을 훈련하는 아카데미를 개설했습니다. 온라인 방송은 세계 각 지역의 한인 디아스포라에게 생선 아카데미를 전파할 수 있는 좋은 수단이 되었습니다. 미국, 일본, 중국, 홍콩, 미얀마, 인도, 태국 등 다양한 나라에서 다양한 삶의 환경에 있는 분들과 함께 소통할 수 있었습니다. 이러한 강의 내용을 다듬고 핵심을 정리하여 각각의 주제를 명확하게 이해할 수 있도록 소책자 형식으로 발간했습니다.

『고난을 이기는 법』은 인간론 시리즈 중 일곱 번째로 출간되었습니다. 죄를 저지른 인간은 고난이라는 삶의 숙명을 안고 살아가야 합니다. 이 숙명을 어떻게 받아들이냐에 따라 그리스도인의 삶은 크게 달라집니다. 고난은 축복의 기회이자 밑거름이 될 수 있기 때문입니다.

생선 아카데미에 발을 들이신 독자 여러분 모두가 성경을 배우고 구원에 이르는 지혜를 깨달아 생활 선교사로서 각자 삶의 영역에서 복음을 전파하시길 소망합니다.

박진석 목사

● <u>생선 아카데미 3대 목표</u>

1. 하나님의 권능, 지혜, 성품의 도움을 받아 세상 권세를 이긴다.

2. 생활 선교사로서 온전한 사랑과 믿음과 지식을 구비한다.

3. 배우고 깨달은 바를 적용하고 실천해서 삶의 실제적인 열매를

   맺는다.

1장 / 고난은 축복의 기회입니다

고난이 없는 인생

오늘은 '고난'에 관해 생각해 보려고 합니다. 우리는 '고난이 없었으면 좋겠다, 고생 좀 안 했으면 좋겠다, 시험이 없었으면 좋겠다, 문제가 안 생겼으면 좋겠다, 어려움이 없었으면 좋겠다'라고 생각합니다. 우리는 고난이 없는 인생을 기대하지만 고난이 없는 인생은 없어 보입니다. 심지어 예수님을 믿어도 고난은 사라지지 않습니다. 그러므로 신앙생활을 한다고 고난이 없다고 말할 수 없습니다.

저는 "예수님을 믿으면 고난이 없다."라고 말하고 싶지 않습니다. 도리어 예수님을 믿으면 더 큰 어려움과 고생이 있을 수 있습니다. 만사가 형통하지 않을 것입니다. 그러나 이렇게는 말할 수 있습니다. "고난을 대하는 태도가 바뀔 수 있다." 고통과 시험을 끌어안고 씨름하는 힘은 어디서 오는 것일까요? 시험을 이길 수 있는 힘은 하늘의 능력을 신뢰함으로 생겨납니다.

공산주의자들은 기독교를 '인민의 아편'이라고 비판합니다. 그들은 기독교인들을 하늘만 바라보고 아무 일도 하지 않는 사람들이라고 오해합니다. 그러나 참된 기독교는 하늘만 바라보는 사람들이 아닙니다. 오히려 삶의 현장 가운데 치열하게 살아가는 사람들입니다. 복음서에 보면 예수님이 베드로와 야고보, 요한을 구별해 높은 산에 올라갑니다. 제자들은 그곳에서 세상에서 경험할 수 없는 영적인 신비한 체험을 합니다.

제자들은 말합니다. "예수님, 이곳에 초막을 짓고 여기서 삽시다! 여기가 천국입니다!" 그러자 예수님은 "그래, 여기서 한 10년 사는 것은 어떨까?" 이렇게 대답하지 않으십니다. 그냥 "내려가자"라고 말씀하십니다. 그리고 예수님은 높은 산에서 내려와 고통 가운데 있는 가정을 찾아가십니다.

이러한 예수님의 모습은 우리에게 무엇을 가르쳐 줍니까? 우리가 밤이 깊도록 기도할 때 하나님과 깊은 교제와 기쁨을 느끼고, 영적인 신비 체험, 황홀 체험, 은사 체험을 할 수 있습니다. 기독교 역사 속에서 이 경험은 매우 중요하고 필요합니다. 하지만 이러한 경험에 머물러만 있으면 문제가 생깁니다. 하나님은 사랑의 섭리 속에서 "아들아, 그러면 너희 영혼의 이빨이 썩는다. 속사람이 당뇨병에 걸린다."라고 경고하십니다.

그래서일까요? 하나님은 속사람의 건강을 위해 교회의 쓴맛, 인생의 쓴맛, 신앙생활의 쓴맛을 느끼고 속이 상하는 경험을 하게 하십니다. 그때 우리는 하나님을 더 찾게 됩니다. 상처가 있는 자리에 쓴뿌리가 생길 수 있지만 상처를 통해 하나님의 사랑과 말씀을 향한 열정과 믿음의 의지가 더 깊어지게 됩니다. 하나님은 사랑하는 자녀들이 겪는 시험과 고난을 통해 합력하여 선을 이루시는 분이십니다.

오늘날 한국교회는 조금만 고난이 와도 견디지 못합니다. 작은 시험에도 좌절하고 낙심합니다. 풍요롭고 편안한 삶이 익숙하기 때문입니다. 참된 신앙은 풍요로움 가운데 하나님을 향해 깊이 뿌리를 내리는 노력을 하는 태도입니다. 세상은 풍요로움을 추구하지만 신앙은 편안함이 아닌 하나님에게 뿌리를 내리는 연습을 하는 것입니다.

식물을 키울 때 물을 너무 많이 주면 그 뿌리가 썩어버리는 경우가 있습니다. 지혜로운 정원사는 정원을 가꿀 때 물을 함부로 주지 않습니다. 일부러 한동안 물을 주지 않을 때도 있습니다. 그때 식물들은 물을 영양분으로 삼기 위해 뿌리를 더 깊게 내립니다. 뿌리를 깊이 내린 식물은 바람이 불고 태풍이 와도 견딜 수 있습니다. 한국에서 예수님을 믿는 사람들의 모습은 어떻습니까? 우리나라는 예전에 비해 경제적으로 풍요로운 시대를 맞이했습니다. 하지만 너무 풍요로운 나머지 신앙적으로 뿌리를 깊게 내리지 못하는 위기를 경험합니다. 바람이 조금만 불어도 휘청거리는 모습을 봅니다.

〈가나안농군학교〉는 김명기 장로님이 설립한 학교입니다. 한 목사님이 그 학교를 방문했을 때 들었던 이야기가 감명이 깊습니다. 목사님은 가나안농군학교에서 키우는 고구마를 먹었는데, 고구마가 크고 맛있었다고 합니다. 고구마를 어떻게 키우면 이렇게 맛있을 수 있냐고 묻자, 김명기 장로님이 이렇게 대답했습니다. "우리 가나안농군학교는 고구마가 자라는 중간에 땅에서 꺼냅니다. 그리고는 망치로 고구마를 툭툭 칩니다. 고구마에게 힘을 가한 후 다시 땅에 집어 넣습니다." 맛의 비결은 고구마를 툭툭 치는 것이었습니다. 고난과 고통, 시험과 충격을 일부러 준다는 것입니다. 고구마는 충격을 받을 때 더 단단해지고, 당도가 높아지고, 커진다고 합니다. 신앙생활도 마찬가지입니다. 인생의 논리도 마찬가지입니다. 온실 속 화초는 세상 속에서 영향력을 발휘할 수 없습니다. 고난이라는 터널을 지나가지 않은 사람은 이 시대를 감당할 수 없습니다. 고난을 똑바로 마주할 수 있는 사람이 이 시대를 넉넉히 이길 수 있습니다.

피조물의 탄식

이 세상은 본질상 죄와 사망의 바이러스에 감염되어 있습니다. 이 세상에 대해 너무 큰 기대를 가지면 안 됩니다. 성경은 이 세상의 상태를 다음과 같이 말씀합니다.

그 바라는 것은 피조물도 썩어짐의 종 노릇 한 데서

해방되어 하나님의 자녀들의 영광의 자유에 이르는 것이니라 피조물이 다 이제까지 함께 탄식하며 함께 고통을 겪고 있는 것을 우리가 아느니라 롬 8:21-22

여기서 피조물은 모든 세상, 만물을 가리킵니다. 피조물은 썩어짐의 종 노릇한 데서 해방될 것입니다. 그리고 하나님의 자녀들이 참여하는 영광의 자유에 이르게 될 것입니다. 모든 사람은 죄를 범했기 때문에 하나님의 영광에 이르지 못하지만, 예수님을 믿는 믿음을 통해 이제 가능하게 되었습니다. 이것이 하나님의 은혜입니다. 지금은 은혜의 때입니다.

하지만 로마서는 "피조물이 다 이제까지 함께 탄식하며 함께 고통을 겪고 있다"고 말씀합니다. 피조물, 즉 모든 만물은 기뻐하고 있는 것이 아니라 슬피 울고 있습니다. 이 세상의 모든 만물이 "힘들다"고 말하고 있습니다. 땅에 기어가는 지렁이도 이렇게 말하는 듯합니다. "저는 이제 힘들어요. 빨리 예수님이 오시고, 하나님의 아들이 나타나고, 예수님의 왕국이 아버지께로 돌려지고, 새 하늘과 새 땅이 빨리 만들어졌으면 좋겠어요." 지렁이뿐만이 아니라 물고기도 그렇게 외치고 있습니다. 세상의 모든 만물이 탄식하고 있다는 것은 이런 의미입니다. 인간만 고통을 경험하고 있는 것이 아닙니다. 모든 피조물이 함께 고통을 겪고 있습니다. 이것이 성경이 말하는 세계의 모습, 피조물의 상태입니다.

현대인들은 반려견, 반려묘를 많이 키웁니다. 길을 걸어가면 애견샵을 쉽게 발견할 수 있습니다. 어느 유명한 여배우는 고양이를 9마리 키웁니다. 뽀뽀도 해 주고, 이빨도 닦아 줍니다. 고양이에게 '베이비'라고 부릅니다. 먹을 것도 줍니다. 미디어는 좋은 모습만 보여 줍니다. 하지만 현실은 조금 다릅니다. 휴가철이 되면 제주도에 버려지는 반려견의 수가 6, 7천이라고 합니다. 제주도에 〈반려동물보호센터〉가 생길 정도입니다. 이것이 인간의 모습입니다. 인간의 이기적인 행동으로 피조물도 함께 고통받습니다. 사람의 죄는 사람만 고통에 처하게 만드는 것이 아니라 온 세상을 고통에 처하게 만듭니다. 사람과 피조물 모두는 온 세상의 썩어짐에 종 노릇하고 있습니다.

우리가 고생하는 이유는 어쩌면 우리의 이기적인 마음 때문인지도 모릅니다. 인간의 마음은 본질상 썩어짐의 종 노릇하도록 감염되어 있습니다. 우리의 마음은 썩어 있습니다. 썩지 않은 마음을 가진 분은 오직 한 분, 예수님입니다. 예수님의 마음은 썩지 않은 마음입니다. 예수님의 마음은 이기적이지 않습니다. 오히려 예수님의 마음은 원수를 위해 죽을 수 있는 순수한 마음입니다. 우리는 이 순수한 마음에 집중해야 합니다. 예수님의 순수한 마음, 그 마음을 닮아야 합니다. 순수한 마음의 순도를 높여야 합니다. 순금을 만드는 것처럼 강한 불로 마음을 가꾸어야 합니다. 혹독한 불 시험을 통과해야 합니다. 사람마다 강한 불 시험은 각자 다릅니다. 우리는 물질, 건강, 관계의 혹독한 시험을 경험합니다. 시험을 맞이했을 때 버릴 것으로 생각하지 말아야 합니다. 난관에 부딪혔을 때 삼위일체하나님의 마음을 배울 수 있음을 기억해야 합니다. 인생에서 겪는 고난의 시험은 그리스도의 마음을 배우는 약 재료로 사용할 수 있습니다. 이런 점에서 고난은 인생의 '기회'입니다.

만약 아무런 고난이 없는 인생이 있다고 생각해 봅시다. 하는 일마다 잘 되고, 문제가 없는 사람이 있다고 가정해 봅시다. 병이 없고, 건강하고, 물질도 풍요롭고, 매일 행복하고, 아무런 문제가 없는 사람이 교회에 왔다고 생각해 봅시다. 높은 자리에 있고, 돈도 많고, 젊습니다. 어떨까요? 그래도 잘 믿는 사람이라면 성인군자입니다. 존경을 받아 마땅한 사람이라고 생각합니다. 그러나 현실은 그렇지 않습니다. 아무런 문제가 없는 사람이 예수님의 마음을 닮는 경우는 희박합니다.

우리가 존경하는 사람은 어떤 사람입니까? 자기의 편안함을 위해 사는 사람인가요, 아니면 편안함을 마다하고 영적인 고난 가운데 타인을 위해 사는 사람인가요? 우리가 존경하는 사람은 후자입니다. 우리는 병이 나고, 속이 썩고, 죽고 싶었던 그 모든 것들을 거름으로 삼는 사람을 존경합니다. 인생에 고난이 찾아와도 그리스도의 마음을 배우는 기회로 삼는 사람이 있습니다. 이런 사람은 세상이 감당하지 못하는 사람입니다. 고난 가운데 하나님과 함께 탄식할 줄 아는 사람은 사랑을 배웁니다. 세상의 모든 아픔을 담을 줄 아는 그리스도인이 됩니다. 사랑은 사람을 담대하게 만듭니다. 고통이 있어도 담대하게 털어내고 일어납니다. 예수님 마음을 품고 "죽으면 죽으리라"는 마음으로 세상에 뛰어듭니다. 복음이 마음에 심어지기 위해 고난의 시간이 필요합니다. 오랜 시간이 걸립니다. 어쩌면 고난은 썩지 않는 복음의 씨앗을 마음에 심는 기회인지 모릅니다.

세상의 임금인 사탄은 이 세상을 낙원으로 만들어 주겠다고 유혹합니다. 하나님이 없는 지혜와 능력, 하나님이 왕 노릇하지 않는 낙원을 꿈꾸게 만듭니다. 이 유혹은 허상입니다. 한때 지상 천국을 만들기 위해 혁명을 일으키고자 했던 사람들이 있습니다. 하지만 이 가르침은 다 속임수입니다. 하나님이 없는 세상, 즉 유토피아는 거짓입니다. 유토피아는 세상에 고난이 없을 것이라고 가르칩니다. 그들은 고난이 없는 세상, 행복함이 가득한 세상, 재난과 전쟁이 없는 세상, 바이러스가 없는 세상을 말합니다. 간혹 신앙인 중에서도 유토피아를 꿈꾸는 사람이 있습니다. 세상의 임금이 추구하는 것과 별반 다를 것이 없는 신앙을 가지고 있습니다. 그들은 작은 고난이 와도 쉽게 예수님을 포기합니다. 왜냐하면 이 세상에서의 만사형통이 유일한 신앙의 목표이기 때문입니다. 참된 목표는 세상의 임금으로부터 탈출하는 것입니다. 하나님이 제공하는 안식처, 피난처를 바라보는 것이 신앙입니다. 다같이 명심합시다. 고난이 없는 삶이 신앙의 목표가 아닙니다.

핵심과 나눔(Key points & Sharing points)

K1. 하나님은 속사람의 건강을 위해 교회와 삶에서 무엇을 경험하게
하나요?

_____

_____

_____

K2. 사람의 죄는 사람과 피조물에게 어떤 영향을 미치나요?

_____

_____

_____

S1. 감당하기 어려운 고난을 극복해 본 경험이 있다면 나눠봅시다.

_____

_____

_____

S2. 영적인 고난을 이겨내고 타인들에게 존경까지 받게 된 인물이 있
다면 나눠봅시다.

_____

_____

_____

_____

_____

2장 고난이 없는 인생은 저주입니다

고난은 그리스도인의 특권

하나님은 우리를 시험하십니다. 하나님보다 더 사랑하는 무언가를 통해 시험하십니다. 하나님보다 더 사랑하는 것이 무엇일까요? 하나님보다 가족을 더 사랑합니다. 하나님보다 돈을 더 사랑합니다. 오해하지 말아야 할 것은, 하나님은 우리에게 가족과 돈을 버리라고 하지 않습니다. 하나님은 그 가운데 '하나님을 선택하는 믿음'을 보십니다. 그리스도인은 하나님을 선택해야 합니다. 우리는 하나님을 선택함으로써 믿음을 입증할 수 있습니다. 우리의 믿음이 입증되면 하나님은 자기 백성을 책임지십니다. 그러므로 하나님께 삶을 맡기는 믿음이 있어야 합니다. 믿음의 시험을 통과해야 합니다. 믿음은 세상을 넉넉하게 이길 힘입니다. 믿음은 세상의 임금이 따라올 수 없는 하나님의 은밀한 지성소 위로 우리를 인도해 줍니다. 그 길을 따라가면 우리는 하나님의 보좌에서 세상을 내려다보며 신앙생활을 하게 됩니다. 그리하면 성령님은 날마다 우리의 마음을 장악하고 우리는 마치 구름 위를 걷는 것처럼 세상을 넉넉하게 이길 수 있는 사람이 됩니다.

하나님 말씀을 삶의 낙으로 삼으며 하나님이 삶의 유일한 능력이 되어야 합니다. 저도 이 원리를 오랜 고생 끝에 깨닫게 되었습니다. 하나님만이 우리 삶의 낙이 되어야 합니다. 믿음으로 하늘의 보좌를 바라보며 기도하고 찬양하면 눈물이 납니다.

세상에서 맛보지 못한 기쁨을 느낍니다. 영혼의 부유함을 경험합니다. 이 원리를 모르면 계속 하나님께 세상의 헛된 것을 구하게 됩니다. 요한계시록에 보면 "면류관을 굳게 잡아 빼앗기지 않게 하라"(계 3:11)는 말씀이 있습니다. 종종 과거에 상급을 많이 얻었지만 중간에 상급을 까먹는 사람들이 있습니다. 면류관을 굳게 붙잡지 않는 것이지요. 한때는 열심히 믿고 기도하고 구하고 복음을 전했습니다. 시간이 지나고 삶이 풍요롭게 되면서 마음이 나쁜 의미로 부유해집니다. 설교도 적당히 듣습니다. 마음에 고통이 없습니다. 삶에 큰 문제가 없습니다. 고난의 시험이 없습니다. 그리고는 축복이라고 생각합니다. 하지만 이것은 축복이 아닙니다. 영적인 당뇨병에 걸린 것입니다. 나중에서야 이것이 심각한 문제를 일으킬 수 있는 병이라는 것을 깨닫게 됩니다.

사랑하는 여러분, 주님은 여러분이 치유 받기를 원하십니다. 이를 위해 고난의 시험을 허락하시기도 합니다. 고통이 찾아오면 우리는 부르짖고 고통을 벗어나고 싶어합니다. 하지만 우리에게 진정으로 필요한 태도는 고통을 벗어나는 것보다 고통을 밑거름 삼는 태도입니다.

죄를 범한 아담과 하와가 선택한 삶의 방식은 어땠습니까? 무화과 나뭇잎으로 죄를 가리려고 했습니다. 대부분의 사람들은 이런 방법으로 세상의 문제를 해결하려고 합니다. 죄와 고통, 수치와 부끄러움을 가리려고 합니다. 그러나 치부는 가려지지 않습니다. 사람의 모든 죄, 고통, 수치와 부끄러움은 드러나기 마련입니다. 하나님 앞에서 우리 삶의 모든 내력은 드러납니다. 숨길 수 없습니다. 내 마음의 모든 생각과 입술의 모든 고백은 그분 앞에 모두 저장되어 있습니다. 이러한 영적인 원리를 간과할 때 우리는 타인을 저주하고 욕하고 비난하게 됩니다. 사람들이 서로 이간질하고 당을 짓는 이유가 다 여기에 있습니다. 하늘의 상급과 면류관을 굳게 잡아 빼앗기지 않아야 하는데, 사탄에게 속아 상급을 빼앗깁니다. 사탄은 계속 우리를 속이고 죄 짓도록 부추깁니다. "계속해라! 계속해라!" 기타를 치고 노래를 부릅니다. 이때 우리는 사탄의 유혹을 뿌리쳐야 합니다. 고난의 시험을 넉넉히 이겨야 합니다.

고난의 시험을 이기는 일은 결코 인간의 노력만으로 되지 않습니다. 하나님은 인간에게 가죽옷을 입혀 주십니다. 가죽옷은 예수님의 피로 입혀주는 긍휼의 옷을 예표합니다. 하나님 사랑의 표식입니다. 하나님은 긍휼의 옷을 인간에게 입혀 주신 후 인간을 낙원에서 쫓아내십니다. 장남이 이스라엘이라면, 차남은 이방인이라고 할 수 있습니다. 장남은 집을 나간 탕자가 돌아왔다고 아직 토라져 있습니다. 장남인 이스라엘은 아직도 하나님 아버지가 보내신 예수 그리스도와 화목하지 않습니다. 하지만 약 150년 전부터 장남들이 예수 그리스도와 화목하는 현상이 나타납니다. 둘째 아들의 때가 얼마 남지 않은 것처럼 보입니다. 하나님의 때가 얼

2장 _ 고난이 없는 인생은 저주입니다

마 남지 않은 것 같습니다. 하나님은 하나님의 백성들이 돌아오기를 바라십니다. 하나님은 이 세상의 고난과 시험 속에서 하나님의 백성들을 돌아오게 하십니다(대하 15:4-6). 성경은 이 세상에 전염병과 전쟁이 있을 것을 말씀합니다. 앞으로도 재난은 이 세상에 더욱 일어날 것입니다(마 24:3-14). 성경은 이 세상을 유토피아라고 말씀하지 않습니다. 하늘과 땅이 진동하고 흔들릴 것이라고 말합니다.

> 그 때에는 그 소리가 땅을 진동하였거니와 이제는 약속하여 이르시되 내가 또 한 번 땅만 아니라 하늘도 진동하리라 하셨느니라 히 12:26

　성경은 이 세상에 종말이 올 것을 말씀합니다. 그리고 새로운 메시아의 나라가 올 것이라고 말씀합니다. 독사 굴에 손을 넣어도 물지 않은 그런 나라가 올 것입니다. 그 나라는 어린양과 사자가 같이 뛰어 노는 나라입니다(사 11:1-10). 이 말씀은 비유가 아니라 실제로 그렇게 될 것입니다. 짐승들이 서로 잡아 먹는 이유는 죄 때문입니다. 태초에 동물들은 피를 먹지 않았다고 생각합니다. 모든 동물은 서로 해치지 않았을 것입니다. 하지만 죄로 인해 서로 잡아먹게 되었던 것이지요. 아담과 하와가 타락하기 전 인간은 영원한 존재였습니다. 본래 인간은 영원한 생명의 복을 약속받은 존재였습니다. 하지만 죄가 인간에게 들어온 후 인간은 육체의 정욕에 영원한 생명을 바치게 되었습니다. 육체는 순종하지 못하게 방해하는 애물단지가 되었습니다. 육체를 잘 다스려야 합니다. 언제 반란을 일으킬지 모릅니다. 그러니 속사람, 영혼의 사람, 마음에 투자해야 합니다.

속사람에 따라 받는 상급이 다릅니다. 이것이 하늘의 원리입니다. 이 원리를 깨달으면 이 땅에서 경험하는 고난과 고생, 시험을 대하는 태도를 달리할 수 있습니다. 오히려 상급 받는 기회로 삼을 수 있습니다. 이 원리를 통달하면 '아, 이것을 통해 주님을 더 닮을 수 있구나. 하나님의 뜻을 더 깨닫게 해 주신 것이구나. 선하시고 기쁘고 온전한 뜻을 위해 나를 고생시키시는 것이구나. 알고 보니 아버지께서 나에게 영원한 세상의 지혜와 소망과 사랑을 깨달으라고 주신 것이구나!' 하며 감사하고 감격하게 됩니다. 삶에 고난이 가득해도 마음에 강 같은 평화, 기쁨이 넘쳐 흐릅니다. 범사에 강건해지기 시작합니다.

> 고난 당하기 전에는 내가 그릇 행하였더니 이제는 주의 말씀을 지키나이다 시 119:67

이 세상은 천국이 아닙니다. 시편을 보면 고난을 통해 하나님 말씀이 진리라는 것을 깨닫게 됩니다. 고난은 하나님의 말씀이 진리이며 우리에게 유익이 된다는 사실을 가르쳐 줍니다. 그러나 예수님을 믿고 하나님의 백성이라고 말하는 대부분의 성도들은 고난을 기피합니다. 하지만 우리는 고난을 싫어한다고 해도 고난을 피할 수는 없습니다. 그리스도인의 특권은 고난을 피하는 데 있지 않습니다. 오히려 그리스도인의 특권은 고난을 밑거름으로 삼는 태도에 있습니다. 그리스도인은 고난을 전화위복의 기회로 삼고 그곳에 성령의 열매를 맺게 합니다. 고난이 오면 마음의 눈이 밝아집니다. 하나님의 말씀이 진리임을 더욱 깊이 깨닫게 됩니다. 고난을 통해 하나님만 구하는 형통의 비밀을 알게 됩니다. 만복의 근원을 확실하게 붙잡는 사람이 됩니다. 결국에는 세상이 감당할 수 없는 사람으로 거듭납니다.

고난 속에 숨긴 복음

사탄은 또 시험을 합니다. 하나님은 그 시험을 허락하십니다. 하나님은 시험을 통해 우리의 신앙을 성숙하게 만드십니다. 우리는 반복되는 시험과 고난을 통해 믿음이 더욱 굳건하게 됩니다. 세상의 임금이 감당할 수 없는 성숙한 사람이 됩니다. 어려움이 올 때마다 계속 승리하게 됩니다. 하나님 말씀을 철저하게 진리로 여기는 사람으로 거듭나게 됩니다.

꽃길만 걷겠다는 생각을 버려야 합니다. 꽃길만 걷는다는 건 믿음의 길이 아닙니다. 이 세상에 고난이 없을 수 없습니다. 어쩌면 우리의 완악함은 고난이 없는 삶을 살려는 태도일지도 모릅니다. 참된 순종은 고난 가운데 일어납니다. 아들 예수님은 아버지 하나님의 뜻을 받아 이 세상에서 희생하셨습니다. 예수님은 하나님 아버지의 친아들입니다. 예수님은 하나님의 자녀가 어떻게 살아야 하는지 본을 보이셨습니다. 우리는 예수님의 모습을 따라 살아야 합니다.

우리는 예수님의 십자가를 함께 감당해야 합니다. 성도는 그리스도를 따라 그리스도의 십자가를 감당하는 사람입니다. 그런데 종종 자기 몫, 자기 십자가를 버리는 사람이 있습니다. 종교란에는 기독교라고 쓰지만 명목상 그리스도인이 많습니다. 유럽에는 부활절, 크리스마스에만 교회를 다니는 사람이 많습니다. 기독교인이라고 하지만 말 그대로 말만 기독교일 뿐입니다. 자기 십자가를 지고 고난의 길을 걷는 사람은 거의 없습니다. 우리나라도 그렇게 될 수 있습니다. 예수 그리스도의 복음인 고난의 포도주를 마시지 않으면 명목상 그리스도인이 될 수 있습니다.

이사야 53장은 고난받는 메시아에 관한 예언입니다. 이사야 53장 4절에서 질고를 지고 우리의 슬픔을 당한 메시아 이야기가 등장합니다.

> 그는 실로 우리의 질고를 지고 우리의 슬픔을 당하였
> 거늘 우리는 생각하기를 그는 징벌을 받아 하나님께
> 맞으며 고난을 당한다 하였노라 사 53:4

이 메시아는 예수 그리스도를 예표합니다. 메

시아이신 예수님이 채찍을 맞음으로 우리가 나음을 얻었고, 예수님이 질고를 당함으로 우리가 평화를 얻은 것이지요. 우리 가운데 홀로 십자가의 길을 걷는 사람들이 분명 있을 것입니다. 예수님을 믿는 것 때문에 고난을 받는 사람도 있습니다. 저 또한 예수님을 믿는 것 때문에 뺨을 맞기도 했습니다. 그때마다 즐거워하기보다는 원통했습니다. 즐거워하는 것이 쉽지 않습니다. 하지만 예수님은 고난 가운데 즐거워하셨던 분입니다. 신앙이 성숙하면 십자가의 길을 걸어가며 즐거워할 수 있습니다. 왜냐하면 하나님은 고난을 통해 구원을 이루는 분이시기 때문입니다. 이 원리를 깨달으면 고난이 올 때 감히 즐거워할 수 있습니다.

예수님이 이 땅에 오셔서 고난을 받으신 이유는 메시아 왕국, 영원한 하나님 나라를 회복하기 위함입니다. 성경에 등장하는 대부분의 이야기는 이 원리를 통해 해석할 수 있습니다. 사업이 잘되는 원리, 화술의 방법, 시를 쓰는 방법, 글 쓰는 방법, 이런 것은 본질적인 원리가 아닙니다. 성경에 등장하는 모든 이야기는 오직 예수 그리스도를 통해 해석해야 합니다. 아브라함, 이삭, 야곱, 요셉, 갈렙, 여호수아, 다니엘, 욥, 베드로, 야고보, 요한 등 모두 동일합니다. 레위기에 나오는 이야기도 마찬가지입니다. 모두 다 예수님을 가리키며, 예수님을 예표하는 이야기입니다. 우리는 성경을 읽으며 예수님이 이루실 메시아의 왕국을 떠올려야 합니다. 우리는 메시아의 왕국에 투자해야 합니다. 하늘에 예비되는 새 집에 모든 마음을 쏟아야 합니다. 하나님이 주실 상급에 맞추어 삶을 살아야 합니다.

> 내가 진실로 진실로 너희에게 이르노니 한 알의 밀알
> 이 떨어져 죽지 아니하면 한 알 그대로 있고 죽으면
> 많은 열매를 맺느니라 요 12:24

한 알의 밀알이 떨어져 죽으면 그곳에서 생명의 열매가 나타납니다. 엄마가 아기를 낳으면 죽을 듯

한 고통을 경험합니다. 아기를 낳고 키우는 것은 어떻습니까? 해산의 수고와 진통이 있습니다. 양육을 하면서 오는 고난이 있습니다. 하지만 그곳에서 생명의 기쁨이 탄생합니다. 복된 소식은 고난과 수고 그리고 진통을 수반합니다. 하나님이 주시는 고난 속에 복된 소식이 숨어 있습니다. 마태복음 24장에서 예수님이 다시 오실 때에는 해산의 진통이 있을 것이라 말씀합니다. 그렇다면 우리는 세상의 고난 속에서 무엇을 볼 수 있어야 합니까? 바로 고난 속에 숨긴 복음을 볼 수 있어야 합니다. 우리는 고난을 마주할 때 예수님의 재림을 떠올려야 합니다. 예수님이 다시 오셔서 메시아 왕국을 완성하시고 믿는 자에게 상급을 주신다는 사실을 기억해야 합니다.

우리가 복음을 전하는 이유가 무엇입니까? 복음을 전해야만 하는 이유가 무엇입니까? 구원의 복음을 전하고 복음을 위해 영혼을 양육해야하는 이유가 무엇입니까? 나 혼자 편하게 살려면 자식을 낳지 않아도 됩니다. 하지만 하나님의 상급을 위해 복음을 전하고, 양육하고, 주변을 돌아보는 것입니다. 눈물로 씨를 뿌리는 자는 그 열매를 맺게 됩니다. 자식을 낳고, 말씀으로 양육하고, 영혼의 자녀들을 거느리게 되면, 하나님의 신부로서 상을 받게 됩니다. 우리는 주님의 복음을 위해 해산의 수고, 고난과 진통, 고난을 받아야 합니다. 고난이 올 때마다 천국 은행에 적립금이 쌓이고 있다고 생각하며 이 땅에서의 고난을 이겨내시길 바랍니다.

핵심과 나눔(Key points & Sharing points)

K1. 고통이 우리를 찾아올 때 고통을 피하는 것보다 더 중요한 삶의 자
    세는 무엇입니까?

_____

_____

_____

K2. 예수님이 이 땅에 오셔서 고난을 받으신 이유는 무엇을 회복하기
    위함입니까?

_____

_____

_____

S1. 내 마음의 죄와 고통, 수치, 부끄러움을 감추려고 하는 본능에서 벗
    어나려면 어떻게 해야 좋을지 나눠봅시다.

_____

_____

_____

S2. 반복되는 시험과 고난을 통해 신앙이 더 단단해진 경험이 있다면
    나눠봅시다.

_____

_____

_____

3
장

고난은 축복의 밑거름입니다

고난을 통해 드러난 영광

> 화평하게 하는 자는 복이 있나니 그들이 하나님의 아
> 들이라 일컬음을 받을 것임이요 마 5:9

화평하게 하는 자는 복이 있습니다. 화평하게 하
는 자는 '하나님과 사람'을 화평하게 하는 자를 의
미합니다. 화평하게 하는 사람은 하나님의 아들이
라 일컬음을 받을 것입니다. 여기서 하나님의 아

들은 장성한 자녀, 적어도 신앙의 성장 단계 중 다섯 번째 단계라고 할 수 있습니다. 장성한 자녀는 결혼을 한 후 가정을 꾸리고 아버지께 기업을 받아 다스릴 수 있는 단계를 말합니다. 장성한 자녀는 예수님의 신부이자 아내로서 자식을 낳아 하나님 자녀를 기를 수 있는 사람을 가리킵니다.

또한 장성한 자녀는 성령의 인도를 받는 사람입니다. 우리는 성령의 인도를 받는다는 말을 쉽게 생각하지만 아무나 성령의 인도를 받는 것은 아닙니다. 육에 속한 사람은 성령의 인도를 받는 훈련을 해야 합니다. 밥도 꾸준히 먹고 딱딱한 음식도 먹으며 자라나야 합니다. 신앙생활을 오래 했다고 하면서도 성장하지 못하고 속사람이 어린아이에 머물러 있는 사람이 있습니다. 지도자가 되었는데도 어린아이의 신앙에 머물러 있으면 그 자녀들과 공동체는 연약하고 서로 물어뜯고 싸웁니다. 영적인 원리를 가르쳐 주지 않으면 수준은 높아질 수 없습니다.

직분 자체가 중요한 것이 아닙니다. 선교사, 목사, 교수, 장로, 권사, 집사 등 직분이 신앙의 수준이라고 할 수 없습니다. 그 사람의 속사람이 어떠한지가 중요합니다. 속사람은 언제든지 후퇴할 수 있습니다. 하루라도 밥을 먹지 않으면 속사람은 성장하지 못하고 뒤로 물러날 수밖에 없습니다. 특별히 지도자, 높은 직분에 있다면 꾸준히 성장해야합니다. 영적인 아비에 이르기까지 부지런히 성장해야 합니다. 하나님의 복음을 위해 박해를 받고, 박해를 받을 때도 즐거워할 수 있는 믿음까지 이르러야 합니다.

신약성경에서 보면, 특별히 바울과 베드로가 영적 아비의 단계에 이르렀습니다. 베드로는 자신을 영적 아버지라고 지칭합니다. 바울은 디모데에게 믿음의 아들이라고 표현합니다. 바울과 베드로는 자신을 영적인 아버지라고 생각합니다. 사도들이 얼마나 많은 고생을 했겠습니까? 자식을 키우고, 농사를 짓고, 가정을 꾸리는 고생을 통해 영적인 부모가 되었던 것입니다. 우리는 고난을 겪으며 하나님의 사랑, 아버지의 사랑을 깨닫게 됩니다.

바울은 예수 그리스도의 은혜와 하나님 아버지의 사랑으로 성도들을 축복했습니다. 바울은 하나님 아버지의 크신 사랑을 깨달았던 영적인 아비였던 것입니다. 바울은 인생의 고난이 올 때마다 하나님의 사랑을 나타냈던 사도입니다. 예수님이 고난을 통해 하나님의 사랑을 나타내듯 신앙생활 속에서 찾아오는 고난을 통해 아버지 하나님께 영광을 돌렸습니다.

우리도 마찬가지입니다. 우리가 하나님의 자녀라면 하나님께 용돈만 받는 자녀가 아니라 고생하면서도 아버지의 뜻을 받아들이는 자녀가 되어야 합니다. 하나님의 사랑이 우리의 삶을 통해 나타나야 합니다. 하나님의 영광이 우리의 고난을 통해 드러나야 합니다. 어떤 상황 속에서도 하나님 아버지께 영광을 돌리는 자녀가 되어야 합니다. 어떤 고난이 와도 복음을 포기하지 않는 사람이 되어야 합니다. 땅 끝까지 복음을 전하는 태도를 가지고 살아야 합니다. 하나님이 주시는 상급을 기대하며, 고난을 기회로 생각해야 합니다.

사도들은 복음을 전하다가 고난을 당했습니다. 만약 그들이 복음을 전하지 않았다면, 그냥 편하게 살 수 있었을 겁니다. 하지만 땅 끝까지 복음을 전하기 위해 분투했기 때문에 영적인 저항과 공격을 받았습니다. 사도들은 신앙생활 속에서 받는 고난의 의미를 알았습니다. 바울은 감옥에서도 기뻐하고 즐거워했습니다. 베드로와 야고보도 시험을 당할 때 기뻐하고 즐거워하라고 말했습니다. 하늘의 상이 크기 때문입니다. 시험을 당할 때 즐거워하면 하나님의 형상, 그리스도의 형상을 닮게 됩니다.

인생의 고난은 하나님의 형상을 닮을 수 있는 기회입니다. 인생의 모든 시련과 환란은 그리스도를 닮을 수 있는 찬스입니다. 아직도 예수님을 믿고 문제가 해결되기만을 바라보고 있습니까? 예수님은 문제를 해결해 주시는 분이 아닙니다. 이제 어린아이의 믿음에서 벗어나야 합니다. 오히려 이 믿음에서 다음 단계로 성장해야 문제가 해결됩니다. 이것은 마치 번지점프와 같습니다. 내 생명, 내 건강, 내 자식에서 벗어나 예수님에게 내 삶을 내던지는 것은 떨리는 일입니다. 하지만 뛰어내릴 때 예수님의 복음이 고무줄처럼 우리의 삶을 다시금 낚아챕니다. 위험하다고 생각했던 일이 오히려 안전한 일입니다. 하지만 믿음의 삶을 위해 성장하지 않으면, 불안함만 더욱 증가합니다. 문제는 해결되지 않으면서도 불안함만 커집니다. 어서 천국의 복음에 우리의 삶을 투자해야 합니다. 자기 십자가, 각자에게 맞는 믿음의 분량에 따라 살면 됩니다. 자신만의 배당금이 있습니다. 그러나 자기에게 해당되는 십자가를 짊어지는 사람은 많지 않습니다. 극소수입니다.

우리가 어린아이의 믿음을 가질 때 하나님은 금방 응답해 주십니다. 하지만 어느 순간부터 하나님이 응답해 주지 않으시는 것처럼 느껴질 수 있습니다. '하나님, 이것도 해 주시고 저것도 해 주시고, 응답도 해 주시고, 돈도 좀 주시고, 건강도 주시고…' 이런 기도가 반복되면 하나님은 그때부터 응답을 하지 않으시고 시험을 허락하십니다. 우리에게 마음 고생을 시키십니다. 하나님은 우리에게 고생을 허락하시고 우리로 하여금 아버지의 형상, 그리스도의 형상을 닮아가게 하십니다. 그리스도가 사탄에게 시험을 당하고 죽기까지 아버지에게 복종하셨던 그 마음을 깨닫게 하십니다. 하나님 아버지로부터 단물만 빼먹으려는 인간의 못된 마음을 고치기를 원하십니다. 그러므로 우리는 깨달아야 합니다. 자기 십자가를 지고 하나님 마음에 합한 사람이 되어야 한다는 사실을 말이지요. 고난이 찾아올 때 우리는 자기 십자가를 지고 가는 태도를 가져야 합니다. 그러면 그때 하나님은 사탄을 꾸짖고 다시금 응답하십니다.

현세에 있어 집과 형제와 자매와 어머니와 자식과 전
토를 백 배나 받되 박해를 겸하여 받고 내세에 영생을
받지 못할 자가 없느니라 막 10:30

세상을 넉넉히 이기는 법

예수님은 자신을 위해 박해를 받은 자에게 백
배의 복을 받을 것이라 말씀하십니다. 거기에서 끝
나는 것이 아닙니다. 영생을 얻지 못할 자가 없다
고 말씀하십니다. 이것이 고난을 대하는 우리의 태
도가 되어야 합니다. 이것이 성경의 원리입니다.
하나님이 우리에게 고난을 주시는 이유는 하늘의
상급을 주시기 위함입니다. 어린아이의 신앙에 머
물러 있으면 하늘의 상을 주시지 못하기 때문에 고
난을 허락하시는 것입니다. 고난을 통해 예수님을
닮아가야 합니다. 하나님의 성품을 닮아야만 합니
다. 많은 업적을 이루었다고 해도 하늘의 상급을

얻지 못하면 무슨 의미가 있겠습니까? 바울과 베드로는 신앙생활 속에서 오는 고난의 의미를 일찍이 깨달았습니다. 그렇기 때문에 고난이 오면 즐거워할 수 있었습니다. 하나님을 닮는 기회로 여겼습니다.

　욥은 믿음이 좋은 사람이었습니다. 욥처럼 잘 믿는 사람이 어디 있을까요? 하지만 그런 욥에게도 억울한 일은 어김없이 찾아 왔습니다. 욥은 주변 사람들에게 핍박을 당했습니다. 하지만 믿음을 잃지 않았습니다. 오히려 핍박이 있을 수록 믿음은 더 커졌습니다. 예수님을 잘 믿어도, 기도를 많이 해도, 봉사를 해도 아프고 힘들고 어려운 일이 생길 수 있습니다. 욥은 그때마다 어떻게 했을까요? 깊은 회개에 들어갔습니다. 바울도 마찬가지입니다. 바울은 자신을 죄인이며 괴수라고 고백했습니다. 욥과 바울은 인생의 고난 속에서 자신을 더욱 성숙하게 만들었습니다. 믿음이 더욱 성숙해지는 방법 중 하나는 바로 깊은 회개입니다. 타인을 저주하고, 욕하는 것은 어린아이의 방법입니다. 어려운 일이 생겼을 때 하나님 형상, 그리스도의 형상을 본받는 태도를 가져야 합니다. 나를 낮추는 사건으로 이해해야 합니다. 더 깊이 회개하고 하나님을 닮을 수 있는 사건으로 받아들여야 합니다. 그러면 욥의 결말을 맛보게 될 것입니다.

> 내가 주께 대하여 귀로 듣기만 하였사오나 이제는 눈으로 주를 뵈옵나이다 그러므로 내가 스스로 거두어들이고 티끌과 재 가운데에서 회개하나이다 욥 42:5-6

혹여나 아무 응답이 없더라도, 마음의 평강과 기쁨을 사모해야 합니다. 고난 속에서 오래 참을 수 있는 기회로 여겨야 합니다. 야고보는 인내하는 자를 복되다고 말합니다(약 5:10-11). 바울도 "모든 일에 우리를 사랑하는 이로 말미암아 우리가 넉넉히 이기느니라"라고 고백합니다. 다시 말해, 하나님의 사랑을 묵상하면 사랑으로 세상을 넉넉히 이길 수 있습니다. 하나님의 사랑을 늘 묵상하면, 모든 것을 바라며, 모든 것을 믿으며, 모든 것을 견딜 수 있는 능력을 얻을 수 있습니다. 어떤 고난이 와도 하나님 사랑의 능력을 체험하면서 세상을 넉넉히 이겨내기를 축원합니다.

핵심과 나눔(Key points & Sharing points)

K1. 신약성경에 등장하는 인물 중 영적 아비의 단계에 이른 대표적인

사람은 누구입니까?

_____

_____

K2. 인생의 고난은 우리에게 기회가 될 수 있습니다. 본문은 어떤 기회

가 될 수 있다고 말합니까?

_____

_____

S1. 시험을 당할 때 어떻게 반응했는지 자신의 모습을 나눠봅시다.

_____

_____

S2. 천국의 복음에 우리의 삶을 투자하기 위한 실제적 방법은 무엇이

있는지 나눠봅시다.

_____

_____

_____

생선 아카데미 / 인간론 ❼

고난을 이기는 법

2023년 5월 12일 초판 발행

지 은 이 | 박진석

펴 낸 이 | 김수홍
편   집 | 유동운, 정원희
디 자 인 | 사라박
펴 낸 곳 | 도서출판 하영인
등   록 | 제504-2023-000008호
주   소 | 포항시 북구 삼흥로411
전   화 | 054) 270-1018
블 로 그 | https://blog.naver.com/navhayoungin
이 메 일 | hayoungin814@gmail.com
인스타그램 | https://www.instagram.com/hayoungin7

ISBN 979-11-92254-04-3 (03230)
값 4,900원

※ 낙장 · 파본은 교환해 드립니다.

* 도서출판 하영인은 복음이 전해지지 않은 곳에 신앙에 유익한 도서를
  보급하는 데 앞장섭니다. 해외 문서 선교에 뜻이 있는 분들의 참여를
  기다립니다.
  후원 _ 국민은행 821701-01-597990 도서출판 하영인